Hartmut Fanger
schmalsehen
gedichte

A∨

schmalsehen • gedichte
destillat aus 30 jahren

**Bibliografische Information
der Deutschen Nationalbibliothek**
Die Deutsche Nationalbibliothek
verzeichnet diese Publikation
in der Deutschen Nationalbibliografie;
detaillierte bibliografische Daten sind
im Internet über http://dnb.d-nb.de
abrufbar.

© 2013 Hartmut Fanger
AV – Edition der Hamburger Autorenvereinigung
Herstellung und Verlag: BoD – Books on Demand
Printed in Germany
ISBN 978-3-7322-0842-5

Für Erna

Schmalsehen bedeutet hier nicht, etwas verengt wahr-, sondern vielmehr den kleinen Ausschnitt eines großen Ganzen umso präziser ins Visier zu nehmen. *Schmalsehen* beinhaltet auch einen Hinweis auf die Gedichtform als solche, wo in der Regel nur wenige Worte eine Zeile bilden. Ein ganzer Kosmos kann sich darin entfalten. Sei es, wenn von „Sonnen" in *Als ich Kind war* oder von ‚sechs Sternen' die Rede ist. Oft sind es Orte, Augenblicke der Begegnung, die das lyrische Ich berühren. Flüchtig, ins Herz treffend. Wie die Begegnung mit dem Fremden, Anderen, in *Die Chinesin*. Über die Flüsse findet der Austausch mit der Welt statt, die sich mit dem Eigenen verbindet, auch mit der Welt der eigenen Kindheit. Orte, die wir lieben, wie *Stadtpark, Sylt* oder *St. Peter Ording*, werden ebenso ins Spiel gebracht wie Naturbeobachtungen, anhand derer sich, wie in jeder Liebe, auch die Brüchigkeit erweist, die menschliche Existenz ausmacht. Liebe und Natur geben uns Anlass nicht nur zum Hohelied, sondern ebenso, ihre Zerbrechlichkeit zu betrauern. Trennung, Streit und Entfremdung bilden immer wieder die Gegenpole des Begehrens – nach „dem hübschen Mund" etwa, den uns „Schlagstock und Schutzschild" in *Schanze* verwehren. „Risse in Beton", die unsere Verwundbarkeit andeuten, aber auch auf die Stadt selbst mit ihren spärlichen Resten an Natur verweisen. Was uns nicht abhält von dem einen oder anderen Spaziergang, der uns schlichte Schönheiten, wie etwa eines ‚von einem Reif bedeckten nebelgrauen Trichterlings' nahe bringt.

...daß all die Pausen ebenfalls Musik sind,
gezählte Stille, Takte, Komposition.
Es fühlt sich an wie verlangsamte Zeit.
Cees Nooteboom „Allerseelen"

INDEX

neunuhrsieben

Aufstehen

Mit verkrampften Beinen
die gehen müssen
diesen Traum
zwischen
Resten von Eis
auf zu warmen Straßen
das Wagnis
wo anfangen
tolldreister Versuch

Es gibt Tage
da kratzen Tiere
unsichtbar und
in großer Zahl
den Nacken
hinunter stechen
und saugen sie
das Blut
Dann fließt
mein Leben
über

In meinem Kopf
ist wieder Morgen
Mit zittrigen Knien
sitz ich und will
keine Post

Arbeitslos

Selten ruhig
gieße ich
die Pflanzen
und verstolpere
hektisch
den Tag

Wohnblock

Aus dem Fenster
schmalsehen
Spalthimmel
bricht Wolken
und bleibt

Bässe schlagen
Häuserreihen
geradlinig

Mein Atem
kämpft
Betonblock
klein

Schlaflos

Da schleicht
der Morgen
über Dächer
und startende
Motoren

Auf nüchternen
Magen ein zu
hartes Ei
in zerbrochener
Schale

Neunuhrsieben

Frühwarme Sonnenstrahlen
auf dem Bahnsteig
zwischen Taubendreck
und Bierlache
Wir trennen uns
jeden Tag
steigen Leute aus
und ich habe Lust
aus Pfützen zu drängeln
und zu schuppsen

Horner Lied

Ein umarmender
Reim ist es nicht
und auch sonst
kein Gedicht

Keine Liebe und
auch kein Kuss
kein Bekenntnis
zur Natur nur

Ein Schulhofgesang
Hau ihn tot
er lebt noch

neulich gesehen

Ein Spaziergang
am Rand
der Hut
eingerollt
und häufig
von einem Reif
bedeckt
wächst der
Nebelgraue
Trichterling
Hexenringen
gleich
im Nadelwald

Momentaufnahme

Schwäne fliegen
über meinen Garten
Der erste Sturm
in diesem Jahr

Forsythien leuchten
und Ostern ist vorbei
Aufruhr und Kriegsangst
in weiter Ferne
Knospen
die gleich erblühen
zum Berühren nah

St. Peter Ording

Möwen über dem Deich
Jod in der Luft
gesundes Klima natürlich
berauschen uns die Wellen
Eine bunte Anzahl
Nordfriesenmuscheln
in Plastiktüten
angeschwemmt unter
Strandcaféleuchtreklame
sitzen händchenhaltend
Rentner
mit frischfrisierten Pudeln
und warten
auf die Flut

Sylt

Sand
Nebel
und *Blum*
Überall ist Meer
Sansibar
und *Wien*
ist Kiesel
ist *Gosch*

Neulich gesehen

Nackte Arme und Beine
säuberlich
und fein verpackt
übereinandergeschichtet
und nach linken
und rechten
Teilen geordnet
Nackte Hände und Füße
fein und zart
drüber und drunter
nebeneinander
durcheinander
in der Ecke liegend
Nackte Körper
ohne Arme und Beine
verführerisch schön
nebeneinandergestellt
auf der anderen Seite
des Schaufensters

Wind
im Segel
schlägt das Haar
biegt den Baum
gegen mich
auf der Brücke
ist der Himmel
spannend

Alltag

Die Sonne
scheint so
als fiel der Baum
ohne Blatt
und ohne Zorn
versteh ich nicht
die Erde
sie taugt
nicht mehr

Nach dem Regen
die Sonnenscheibe
auf meinem Glas

Nicht unerwartet
der farbige Bogen
küsst Kopfzeile
auf Speisekarte
und Jackett

Zerteilt den
Kassenbon

Auf dem Dach
zwischen Schornstein
und Antenne
ineinander verkrallt
zwei Möwen
die hacken blutig
was noch lacht
sieht fern
ungestört
beim Liebesakt

Der dunkle Nachmittag
vor dämmernder Stadt
versenkt
den gleißenden Kelch
aus der Mitte
des Himmels
senkrecht
im gestauten See
die Scheibe
mündet weiß
läuft aus
und betrinkt
mich

hingezogen

Du im Frühling

Auf dem Foto
dein lila Hut
im Garten
die Bäume
nackt
und wie du
lächelst
verspielt dein
Ohrring dezent
den Himmel

Vielleicht
falle ich
den Monden
deiner Augen
entgegen
so fern
und nah
tief
und tiefer
dem Lichte
zu

Immer den Fluss entlang
sind wir Freunde
ohne Fragen
mit einem Blick nur
wo Baumkronen
nach Himmeln greifen
und helles Licht
Getreidefeld
berührt

Diesen
leichten Bogen
einer Lärchennadel
verfolge ich
sekundenlang
deine Augenbraue
gleich
einer Straße
blühender Landschaft

Schwalben
im Park
die Sonne
beobachtet
unsere Hände
umschlungen
und kühl
die Bäume
am Abend
Herzklopfen
und Sirenen
einer Feuerwehr

Die Chinesin

Ihr Schanghai
die Hafenstadt
voller Leute
fühlt sich nicht
fremd hier
ihr Hamburg genauso
groß ist der Partner
studiert Wirtschaft
Englisch und Kafka
Böll auf chinesisch
wunderschön
die Landschaft daheim
in London trifft sie
Schwester und Bruder
billige Flüge
aus Hongkong
sagt sie
und lacht

Nach dem Streit

Ohne Versteck
die Wunden offenbart
Auf dem Tisch
liegt die Seele
mit Salz
bestreut

Missgeschick

Noch feuchte
Wasserflecken
auf sich wölbendem
Papier zerläuft
die Tinte
unkenntlich
auch der Mond
in deinen Augen
die tränen
mich traurig

In jeder Verehrung
liegt Verlangen
nach Liebe
unerfüllt nur
muss sie sein

Schanze

Nah am Schulterblatt
zwischen Café
und Antiquariat
Döner und
Kartoffelsalat
das Blaulicht
der Hundertschaften
unweit von Flora bilden
Schlagstock
und Schutzschild
die Grenze
zu dir
du mit dem Kopftuch
und dem hübschen Mund

traumfieber

Als ich Kind war
liefen Sonnen um
Ecken zogen rund
einen Stern lang

Ein Stern auch da
wo Flüsse münden
ist licht die Nacht
wächst Gold
auf den Feldern

Nach dem Regen
die offenen Hände
über glühender Stirn
ein Lavastrom
zerfrisst das Land

Sechs Sterne

Sechs Sterne
hängen am Fenster
silbrig gebrochen
die Lichter der Stadt

Am Ende des Flusses
brechen lautlos
sechs Sterne
das schwerbeladene Schiff

Sechs Sterne
leuchten mir
heimlich eingenäht
in den Schlaf

An Wintertagen
mit Seifendüften
traumflüchtig
durch die Stadt

Fliegende Anemonen
In den Straßen
buntgescheckt
die Kleider
meiner Freunde

Sonnenregen
auf der Haut
unsichtbar
im Schatten
eines Winzlings

Selten
den Fluss entlang
die Containerschiffe
beladen nach Indien

Werfen
Träume ins Meer
zu den Anfängen

Manchmal
wellen Delphine
an Land
was übrig bleibt

Unter Palmen nah
an grenzenden Slums
erwachen wir

Unaufhaltsam
gehen Sonnen unter
in gläserner Fassade
fiebern Lichterketten
vom Dunst umgeben
im Sommer
ist die Suche
nach Schafgarbe
und Knabenkraut
atemlos

Aussichten

An kleinen Tischen
über der Stadt
dieser Nebel
ist die Aussicht
auf Tee und Kuchen
satt
rauscht im Turm
die Musik
vorbei

stadteis

Die Stadt

Da sind die dunklen
Tauben von Menschen
gefüttert und vertrieben
im Winter geschäftig
ohne Himmel

Wo ist Land
so weit über
der Autobahn

Stadtpark

Blütenblätter
in den Bäumen
im Gras Sonne
Schweiß auf
brennender Haut
Strohhalme zwischen
den Zähnen
Eiswürfel im Glas
Auf bunten Decken
ausgestreckte Körper
neben Kindergeschrei
und Butterbrotpapier

Zu Jahresbeginn
Im dichten Städtedunkel
dein Geburtstag naht
Bist du die erste Blüte
Nun – wir gratulieren dir

Schnee
in der Dämmerung
das dunkel
kehlige Spotten
der Krähen
auf schwarzem
Geäst
ein rosa Himmel
umspannt
mein Gesicht

Auf gefrorenem Boden
die gelben Nadeln
einer Lärche
wie hingestreut

Fremde Gesichter
im Eisregen
der zeichnet
Risse in Beton
bis das Geäst
der Bäume
Häuser bricht

Mein Dank gilt...

... dem Literaturzentrum in Hamburg, wodurch im Rahmen der Lyrikwerkstatt des LIT unter der Leitung von Uwe Friesel und Hermann Peter Piwitt ein Teil der Gedichte 1982/1983 in „Auf der Balustrade – schwebend" und in „Hundert Hamburger Gedichte" publiziert wurde.

... Professor Dr. Dieter Reichardt, Universität Hamburg, dessen wohlwollende Kritik mich zu der Veröffentlichung ermutigt hat.

... Susanne Thommes, die mit ihren Dichtertreffen in Hamburg ein Forum bot, das mich in der Entwicklung der Texte stets weiterbrachte.

... Rüdiger Käßner und der Hamburger Kulturbehörde, die es ermöglichten, 2003 einige der Gedichte im Rahmen der Weblesungen vorzustellen.

... Gino Leineweber und der Autorenvereinigung Hamburg AV, deren Kooperation und Engagement es wiederum zu verdanken ist, dass 2013 der Band in dieser Form erscheinen kann.

... meiner Frau Dr. Erna R. Fanger, deren kritischer Blick, hinreißendes Engagement und begeisternder Enthusiasmus mich stets aufgefordert hat, die Gedichte der Öffentlichkeit zu präsentieren.

Hartmut Fanger, Hamburg im März 2013

Hartmut
Fanger
lebt
und
schreibt
in
Hamburg